Entdeckungstour mit Musika und Musikus

1

Gehe mit Musika und Musikus auf Entdeckungsreise durch dein neues Musikbuch.
Auf welchen Seiten findest du diese Bilder?

Seite _____

Seite _____

Seite _____

Seite _____

Seite _____

2

Welche Seitenzahlen hast du in Aufgabe 1 gefunden?
Male nur diese Felder aus. Was ist auf dem fertigen Bild zu sehen?

23	55	10	85	16	51	20
66	6	81	63	31	53	27
14	24	45	12	46	17	9
50	15	60	21	22	13	26
19	40	83	72	52	7	18
8	25	65	11	87	30	79

Viel Spaß mit deinem neuen Musikus!

Auf hoher See

1

Musiziere die Rhythmen und verbinde jeden Seemannsspruch
mit dem passenden Rhythmus.

2

Schreibe nun jeden der grünen Buchstaben in das Feld mit der zugehörigen Zahl.
Wenn du alles richtig verbunden hast, kannst du das Lösungswort lesen.

Alle Mann, **k**ommt an Bord!

Hisst die S**e**gel, raus auf's Meer!

1

2

3

Das Schiff legt **a**b!

4

Das ist unse**r** Schatz!

5

Land in Sicht!

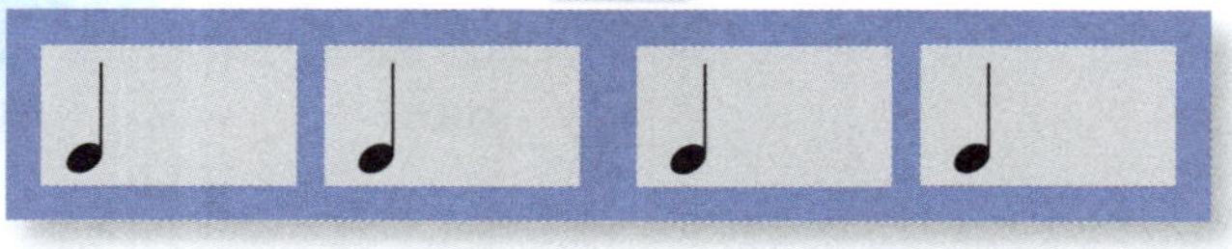

1	2	3	4	5

Auf einer Reise mit den Zugvögeln

1

Was sehen die Zugvögel auf ihrem Weg?
Male ein Bild zur Musik.

2

Welche Farbe hast du oft benutzt? Welche Stimmung drückt sie für dich aus?
Schreibe passende Adjektive auf.

Ich habe besonders oft mit _____

_____ gemalt.

Die Farbe wirkt _____

_____

_____ .

3

Überlege: Passt deine Beschreibung der Farbe auch zur Musik?

Verhext von Baba Yaga

1

Die Hexe Baba Yaga versucht neue Zaubertränke zu brauen.
Sie muss aufpassen, dass keine Zauberflüssigkeit in den falschen
Kessel tropft. Doch welches Fläschchen gehört zu welchem Kessel?
Musiziere die Rhythmen und verbinde jeden Zauberspruch
mit dem passenden Rhythmus.

2

Eine geheime Zutat braucht Baba Yaga für jeden Zaubertrank. Welche ist es?
Finde sie heraus, indem du die Buchstaben auf den Kesseln in der richtigen Reihenfolge
aufschreibst. Die Zahlen an den Fläschchen helfen dir dabei.

Die geheime Zutat ist _____ .

zu SB Seiten 14–15

Steinzeitinstrumente

1

Schon in der Steinzeit gab es Instrumente, die unseren heutigen Instrumenten
sehr ähnlich waren. Welche Gemeinsamkeiten kannst du entdecken?
Ordne die Wörter den Bildpaaren zu.

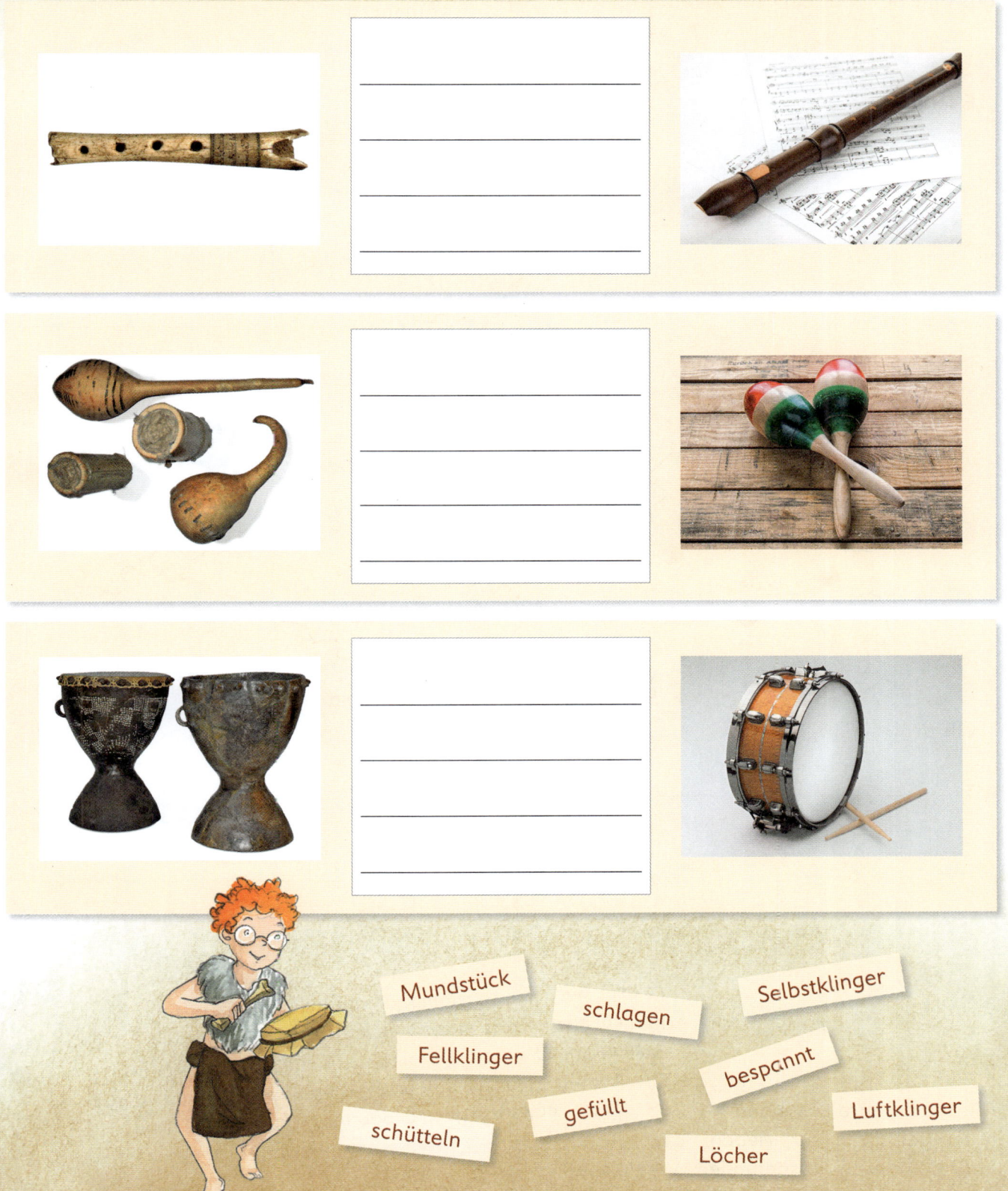

Mundstück Selbstklinger schlagen Fellklinger bespannt gefüllt Luftklinger schütteln Löcher

Unterwegs mit Bach

1

Johann Sebastian Bach ist in seinem Leben sehr viel gereist und umgezogen.
Finde heraus, was in den einzelnen Städten Mitteldeutschlands geschah und
schreibe es auf die Zeilen. Du kannst dafür
das Internet oder ein Lexikon nutzen.

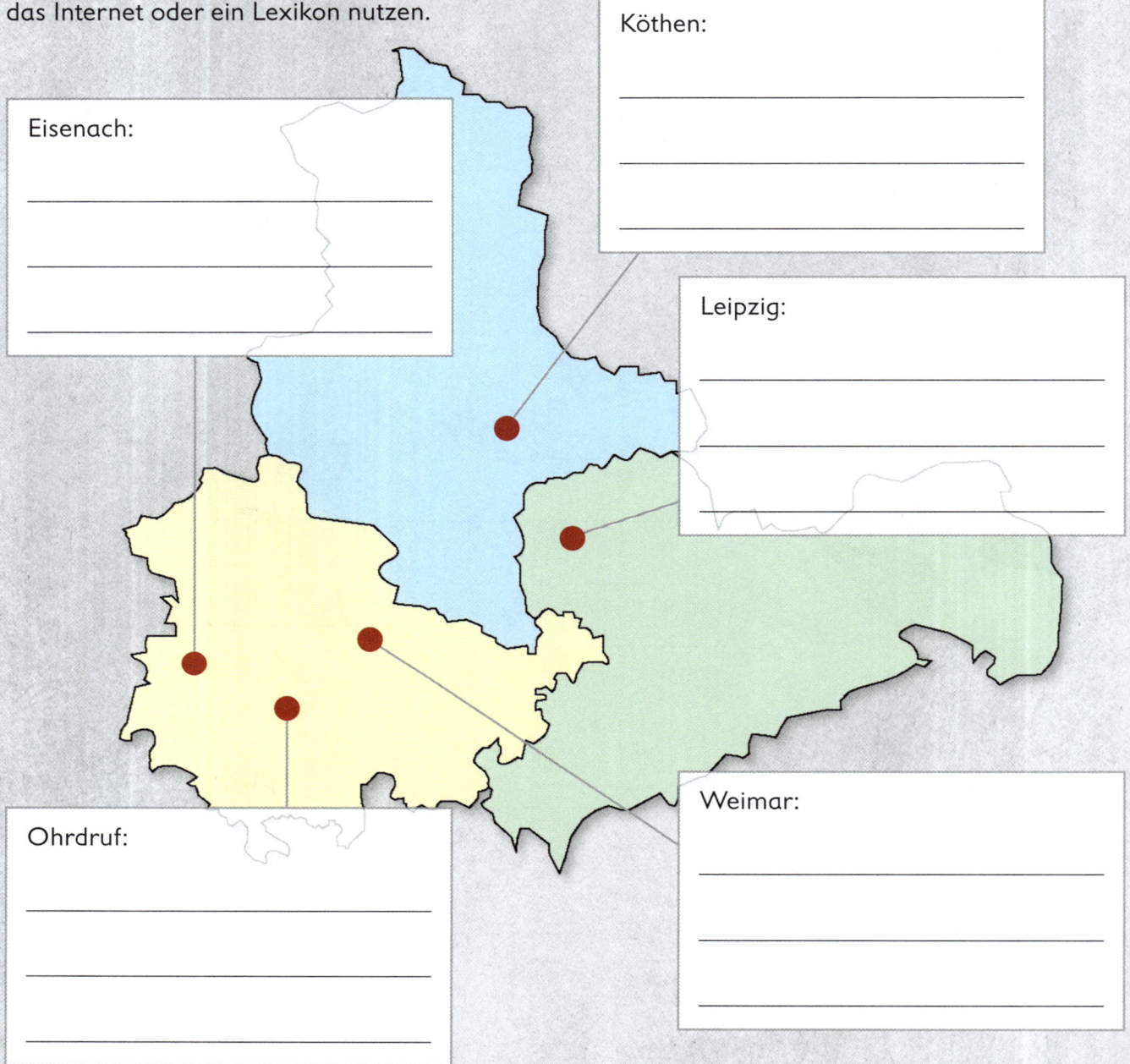

Köthen:

_____

_____

Eisenach:

_____

_____

Leipzig:

_____

_____

Ohrdruf:

_____

_____

_____

Weimar:

_____

_____

_____

Leipzig: Bach wurde Thomaskantor. Hier starb er auch.
Köthen: Bach wurde Hofkapellmeister bei Fürst Leopold.
Weimar: Bach wurde Konzertmeister und Hoforganist.
Ohrdruf: Als Kind lernte er hier Orgelspielen und sang im Chor.
Eisenach: Hier wurde Bach geboren.

2

Musika hat ihre Lösungen
in Spiegelschrift geschrieben.
Hast du alles herausgefunden? Vergleiche.

6

Beim Thomanerchor

1

Jan, Stefan, Markus und Alexander singen im Leipziger Thomanerchor.
Jeder singt in einer anderen Stimmlage. Lies die Sprechblasen und finde heraus, in welcher.
Schreibe die richtigen Stimmlagen unter das Bild.

Hallo,
ich heiße Markus.
Seit dem Stimmbruch
habe ich die höchste
der Männerstimmen.
Es gibt viele Opern, in denen
der Sänger mit
meiner Stimmlage
weltberühmt wurde.

Ich bin Stefan.
Meine Stimmlage ist
im Chor sehr wichtig,
weil sie das Fundament ist.
An ihr orientieren
sich die anderen Sänger.
Es ist die tiefste der
Männerstimmen.

Ich bin Jan.
Ich singe in der höchsten
Stimmlage, die ein Mensch
singen kann. Im Chor habe ich
deshalb oft die Melodie zu singen.
Nach dem Stimmbruch verliere ich
meine Knabenstimme und
bekomme eine
Männerstimme.

Und ich bin Alexander.
Meine Stimme klingt
ein bisschen tiefer als
die von Jan. Aber sie gehört noch
nicht zu den Männerstimmen.
Manchmal singen Männer
aber auch nach dem
Stimmbruch noch in dieser
Stimmlage.

Markus singt in dieser Stimmlage: _____

Stefan singt in dieser Stimmlage: _____

Jan singt in dieser Stimmlage: _____

Alexander singt in dieser Stimmlage: _____

Unterwegs zu Weihnachten

1

Was gehört zusammen? Verbinde jedes Bild mit dem richtigen Land,
der passenden Flagge und einem typischen Weihnachtslied.
Zeichne dafür weihnachtliche Lichterketten in drei verschiedenen Farben.

USA   Australien   Russland

Six white boomers   Up on the housetop   Im Walde steht ein Tannenbaum

2

Hast du ein Lieblingsweihnachtslied?
Aus welchem Land kommt es?
Klebe die passende Flagge hier auf oder zeichne sie.

Mein Lieblingsweihnachtslied heißt _____.

Dieses Lied stammt aus _____.

zu SB Seiten 26–27

Mit Musik durch den Tag

1

Musika hört gerne zum Einschlafen Musik im Radio und Musikus hat beim Spazierengehen immer seinen mp3-Player dabei.
Wann und wo hörst du am liebsten Musik? Male ein Bild davon und schreibe auf die Zeilen.

Ich höre am liebsten Musik, …

_____

_____

_____

Musikhören ist dabei besonders schön, weil …

_____

_____

_____

2

Wir sind ständig von Musik umgeben. Der Dichter Wilhelm Busch hat einmal gesagt:

„Musik ist angenehm zu hören, doch ewig braucht sie nicht zu währen."

Was denkst du darüber? Schreibe es auf die Zeilen.

_____

_____

_____

Punktgenau im Rhythmus Australiens

1

Benutze farbige Filzstifte mit dickeren Minen
und setze Punkte im Rhythmus der Musik.
Fülle zuerst die Punktmuster aus und
zeichne sie dann gleichmäßig weiter.

Papagenos Kostüm entsteht

1

Papageno soll auf der Opernbühne ein besonderes, farbenfrohes Kostüm erhalten,
das genau zu seiner Musik passt.
Höre aufmerksam zu und male die weißen Federn in den richtigen Farben und in der richtigen
Reihenfolge aus:

Beginne in der ersten Federreihe und male dann in der zweiten Reihe weiter.

2

Überlege: Warum sind in Reihe 1 und 2 manche Federn kleiner als andere?

Im Opernhaus

1

Beschrifte die Karten richtig:
Garderobe und Kasse, Zuschauerraum, Orchestergraben, Bühne mit Vorhang,
Technik/Beleuchtung, Maskenbildner, Probenraum Gesang,
Probenraum Ballett, Kostümlager, Malsaal,
Requisitenkammer (Zubehör), Opernrestaurant/Kantine

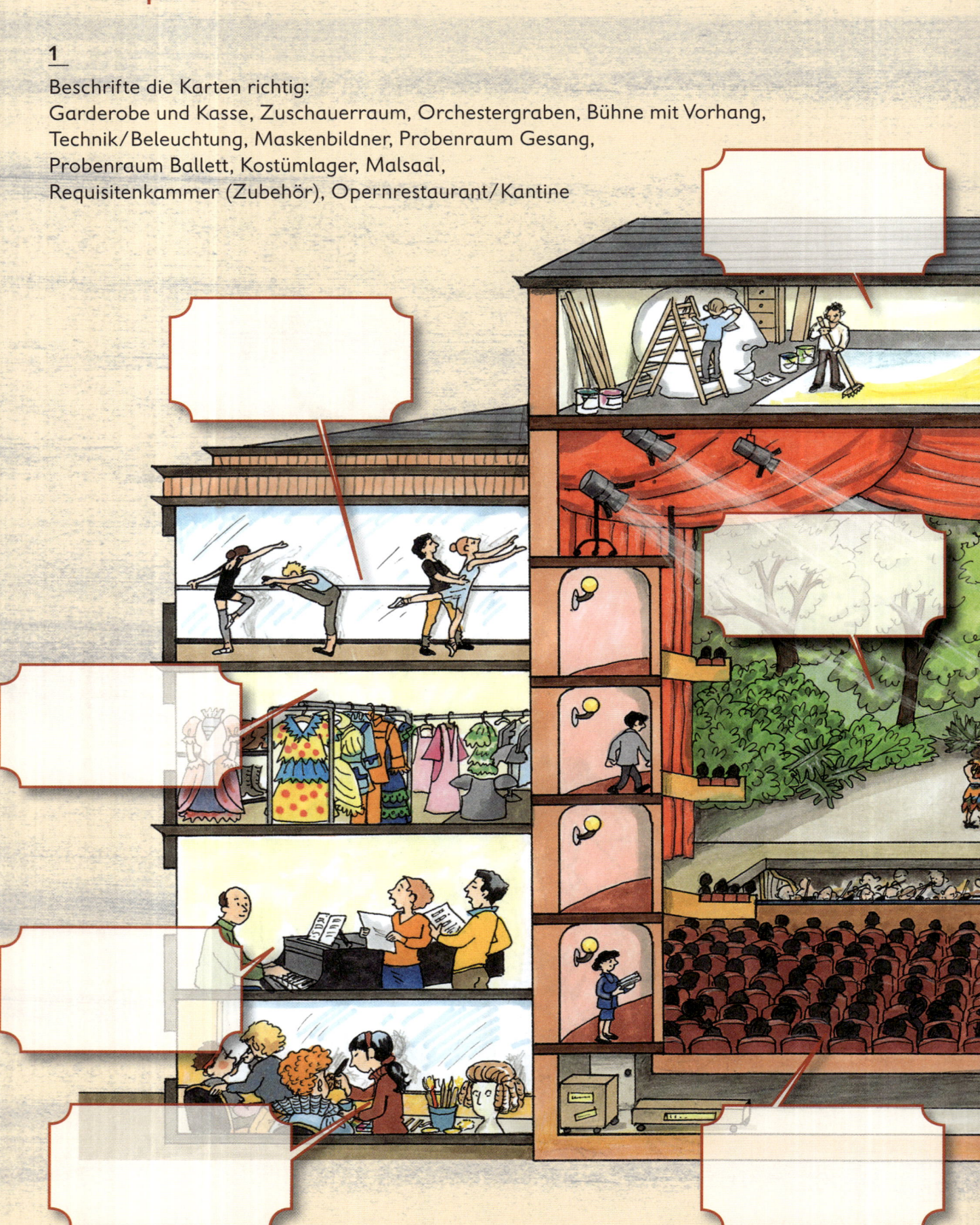

Welche Oper wird hier gerade aufgeführt? Welche Hauptfiguren kennst du?

Die Oper heißt: _____

Die Hauptfiguren heißen: _____

Musik im Mittelalter

1

Male auf dem Bild alle Stellen aus, an denen mittelalterlich musiziert wird.

2

Welche Stellen passen nicht ins Mittelalter? Durchkreuze sie.

Osterfeuergeister

1

Zu Ostern werden überall große Feuer angezündet. Allmählich erwachen
die Feuergeister. Immer wilder wird ihr Tanz. Doch am Ende verschwinden sie wieder.

Hier fehlen die feurigen Geräusche! Finde passende Instrumente oder Körperinstrumente. Male
oder schreibe in die Kästen. Benutze auch Zeichen, um Veränderungen der Lautstärke und des
Tempos darzustellen.

Rauch im Wind

sprühende Funken

flackernde Flammen

knisterndes Holz

2

Wie klingen die Osterfeuer eurer Klasse? Spielt sie in kleinen Gruppen vor.

zu SB Seiten 42–43

Der goldene Musikus

1

Gestalte deinen persönlichen „goldenen Musikus" für deinen aktuellen Lieblingshit.

Fülle die Preistafel aus und klebe ein Foto ein.

Der goldene Musikus geht an:

Foto
des Musikers, der Musikerin
oder der Band

Name des Liedes

von

Musikerin/Musiker/Band

2

Warum gefällt dir gerade dieses Lied so gut? Was ist für dich besonders daran? Schreibe es auf.

_____

_____

_____

3

Veranstaltet eine Preisverleihung in eurer Klasse. Jeder stellt seinen Lieblingshit vor und „verleiht" ihm den „goldenen Musikus".

16

Das Schlagzeug

1

Musikus möchte Schlagzeug spielen. Doch es ist noch nicht fertig aufgebaut.
Schneide die Puzzleteile auf Seite 29 aus und klebe sie hier an die richtige Stelle.

2

Wie heißen die einzelnen Teile des Schlagzeugs?
Schneide ihre Namen auf Seite 29 aus und klebe sie hier
an die richtige Stelle.

3

Arbeitet zu zweit. Dein Partnerkind „spielt" auf dem Schlagzeug,
indem er/sie mit dem Finger auf einen Teil tippt.
Versuche so schnell wie möglich das passende Beatbox-Geräusch
zu sprechen (z.B. „ts" für Hi-Hat).
Ihr könnt Seite 47 im Schülerbuch nutzen.
Wechselt euch dann ab und lasst eigene Rhythmen entstehen.

Das Sinfonieorchesterspiel

1

Spielt das Spiel in einer Gruppe von 2-4 Spielern und testet dabei euer Wissen über das Sinfonieorchester. Ihr braucht einen Würfel und einen Spielstein pro Spieler. Musika und Musikus erklären euch die Spielregeln. Wer schafft es zuerst ins Ziel?

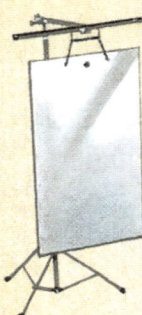

START

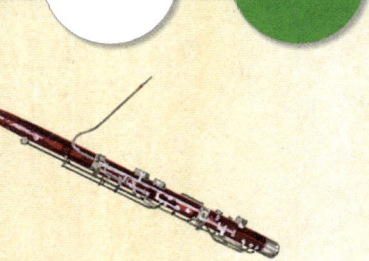

Zu welcher Instrumentengruppe zählt man Donnerblech und Pauke?

Welche 4 Instrumente gehören zur Familie der Streichinstrumente?

Welches Instrument ist im Orchester am häufigsten vertreten?

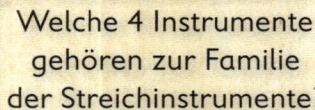

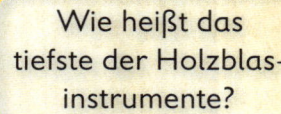

Wie heißt das tiefste der Holzblasinstrumente?

Welche Instrumente gehören nicht ins Sinfonieorchester? Nenne ein Beispiel.

Zu welcher Instrumentenfamilie gehört der Kontrabass?

Bei ⬤ musst du eine Frage beantworten.

Ist die Antwort richtig, rücke 2 Felder vor.
Ist sie falsch, gehe 1 Feld zurück.
Wenn du es nicht weißt, gib die Frage weiter.
Wer es weiß, darf 2 Felder vorrücken.

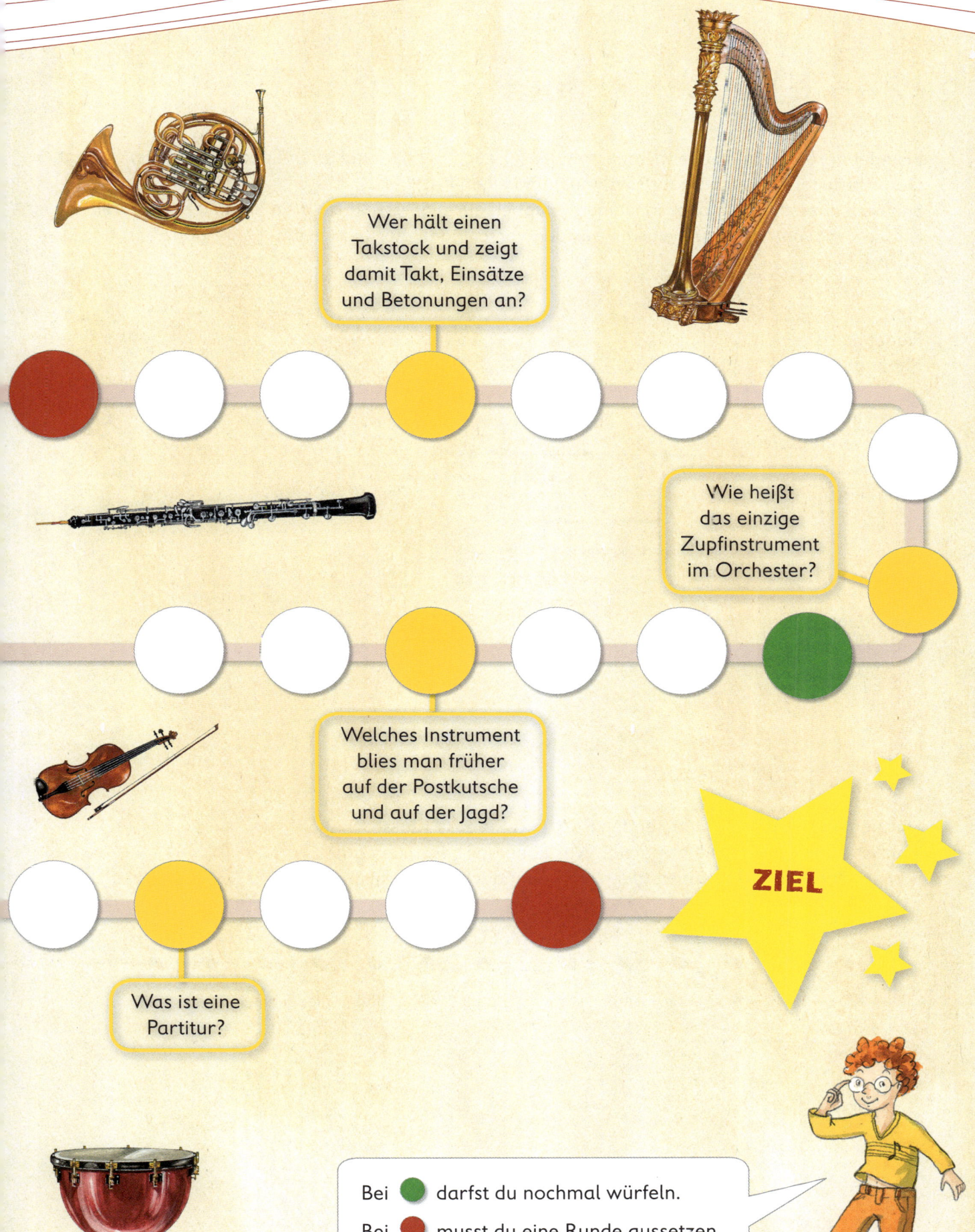

Wer hält einen Takstock und zeigt damit Takt, Einsätze und Betonungen an?

Wie heißt das einzige Zupfinstrument im Orchester?

Welches Instrument blies man früher auf der Postkutsche und auf der Jagd?

ZIEL

Was ist eine Partitur?

Bei 🟢 darfst du nochmal würfeln.

Bei 🔴 musst du eine Runde aussetzen.

Unsere Klassenhymne

Erfindet eure eigene Klassenhymne, mit der ihr euch auf dem nächsten Sportfest anfeuern könnt. Dafür braucht ihr einen Beat (Rhythmus) und einen Rap (Text).
Sammelt zuerst einzeln oder in kleinen Gruppen eure Ideen und stellt sie anschließend eurer Klasse vor. Wählt dann gemeinsam aus den Vorschlägen aus und gestaltet eure ganz besondere Klassenhymne.

1

Findet zuerst einen Rhythmus.
Nutzt dafür diese Laute: p – k – ts – pf – tsch.

Versucht es zuerst mit diesen Beispielen und gestaltet dann euren eigenen Beat.

Eure Ideen:

2

Überlegt euch nun einen passenden Rap-Text für eure Klasse:
Was ist an eurer Klasse einzigartig? Was könnt ihr besonders gut?
Sprecht darüber und sammelt Ideen. Ihr könnt auch das Beispiel nutzen.

Eure Ideen:

zu SB Seiten 52–53

So klingt der Sommer

1

Höre dir das Stück „Sommarsång" von Wilhelm Peterson-Berger an und schreibe einen Text,
der zu dieser Musik passt, zum Beispiel eine kurze Geschichte oder ein Gedicht.
Du kannst die Wörter im Rahmen dafür nutzen.

Sonnenstrahlen

Vogelgezwitscher

Schmetterlinge

Bienen

Wärme

Blumen

2

Lies deinen Text in der Klasse vor, während die Musik leise im Hintergrund spielt.

Gut organisiert: Unser klingendes Abschlussfest

1

Ihr plant euer Abschlussfest?
Hier findet ihr wichtige Dinge, an die ihr denken solltet.
Verteilt die Aufgaben untereinander und ergänzt eigene Ideen.

Programm

- Lieder und Tänze auswählen
- gemeinsam üben
- eine Reihenfolge festlegen
- Moderatoren finden (Begrüßung, Programm ankündigen)
- _____
- _____

Einladungen

- Gästeliste erstellen
- Zeit und Ort festlegen
- Einladungen basteln und schreiben
- Einladungen verteilen
- _____
- _____

Leibliches Wohl

- Liste mit Wünschen aufschreiben
- Tischdekoration
- Grill/Küche organisieren
- Aufräum-/Mülldienst einteilen
- _____
- _____

_____

- _____
- _____
- _____
- _____
- _____

Im Komponistenmuseum

1

Ein neues Museum für Musik soll bald eröffnen. Dafür wurden Büsten berühmter Komponisten angefertigt. Doch hier fehlen noch wichtige Informationen.
Schreibe die Namen und Lebensdaten der Komponisten auf die Sockel und ordne ihnen auf der Schreibzeile eines ihrer berühmtesten Werke richtig zu.

Johann Sebastian Bach   1756–1791   „Die Zauberflöte"   1813–1883

Benjamin Britten   „Das Weihnachtsoratorium"   Richard Wagner

„Orchesterführer für junge Leute"   1685–1750   „Der fliegende Holländer"

Wolfgang Amadeus Mozart   1913–1976

Musikalische Weltreise

Bearbeite zuerst die Aufgaben auf Seite 29 unten und klebe die Felder hier an die richtige Stelle.

USA in Nordamerika

Ghana in Afrika

Bolivien in Südamerika

Russland in Europa
und Asien

Tuwa (Republik in
Russland) in Asien

Australien

Instrumentendetektiv

1

In jede Reihe hat sich ein falsches Instrument eingeschlichen. Kreise es ein.
Schreibe darunter, wie es heißt und warum es nicht dazugehört.

1

Das falsche Instrument ist _____ .

Es gehört nicht in diese Reihe, weil _____ .

2

Das falsche Instrument ist _____ .

Es gehört nicht in diese Reihe, weil _____ .

3

Das falsche Instrument ist _____ .

Es gehört nicht in diese Reihe, weil _____ .

Teste dein Musikwissen

1

Löse das Rätsel mithilfe des Schülerbuches und kreuze
die richtigen Antworten an.
Die Buchstaben dahinter ergeben zusammen das Lösungswort.

1.

Im russischen Land Tuwa, an der
Grenze zur Mongolei, gibt es dieses
besondere Instrument:

☐	Gänsefußflöte	**B**
☐	Pferdekopfgeige	**S**
☐	Schweineohrtrommel	**F**

2.

Benjamin Britten ist ein Komponist
aus

☐	Südamerika.	**A**
☐	Großbritannien.	**T**
☐	Australien.	**C**

3.

Die ältesten Instrumentenfunde
stammen aus der Zeit vor

☐	100 Jahren.	**D**
☐	20 000 Jahren.	**H**
☐	40 000 Jahren.	**I**

4.

Vor 200 Jahren entstand in Böhmen
dieser beliebte Tanz:

☐	die Polka	**M**
☐	die Tarantella	**L**
☐	der Charleston	**O**

5.

Die Viola ist ein

☐	Blasinstrument.	**K**
☐	Streichinstrument.	**M**
☐	Schlaginstrument.	**F**

6.

Das Zeichen am Anfang einer
Notenzeile ist ein

☐	Notenschlüssel.	**E**
☐	Startpunkt.	**T**
☐	Notenhals.	**N**

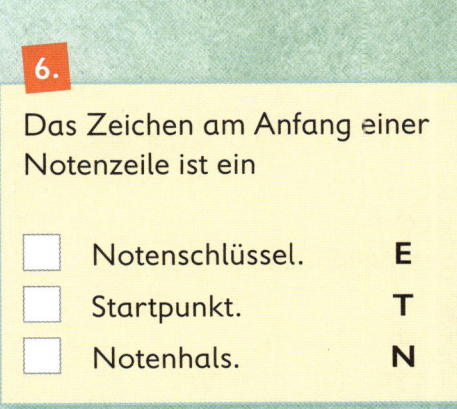

Lösungswort

1.	2.	3.	4.	5.	6.

Kreuz und quer durch die Musik

1

Welche Begriffe werden hier gesucht?
Trage elf Wörter waagerecht und sieben Wörter senkrecht in das Kreuzworträtsel ein.

waagerecht →

1 tiefe Frauenstimme
2 Komponist des Weihnachtsoratoriums (Nachname)
3 Gruppe von Popmusikern
4 höfischer Tanz vor 300 Jahren
5 zweiter Vorname von Mozart
6 Theaterstück mit moderner Musik und Gesang
7 Sänger im Mittelalter
8 typisches Instrument aus dem Mittelalter
9 „Werkzeug" eines Dirigenten
10 berühmter Opernkomponist (geboren 1813)
11 traditionelles australisches Blasinstrument

senkrecht ↓

12 Orchesterleiter
13 Musik eines Staates für festliche Anlässe
14 moderne Musik, in der improvisiert wird
15 Lied, bei dem mehrere Stimmen nacheinander beginnen
16 Zeichen für einen Ton
17 fünf Linien untereinander
18 die Musiker im Mittelalter

Das Lösungswort lautet:

Zum Ausschneiden

zu Seite 17

Becken	Hi-Hat	Bassdrum	Tom-Tom	Snaredrum

zu Seite 24–25

1

Welcher Text passt zu welchem Foto? Schneide die Texte aus und klebe sie unter das passende Foto. Schneide dann die Kästen mit den Texten und Fotos aus und klebe sie auf Seite 24/25 ein.

Obertonsänger aus Tuwa mit Pferdekopfgeige

Dixieland – eine Form des Jazz in den USA

Tanz zu feuriger Musik in Bolivien

Trommelrhythmen und Tanz in Ghana

Aborigine mit Didgeridoo in Australien

Die Balalaika – ein Instrument aus Russland

29

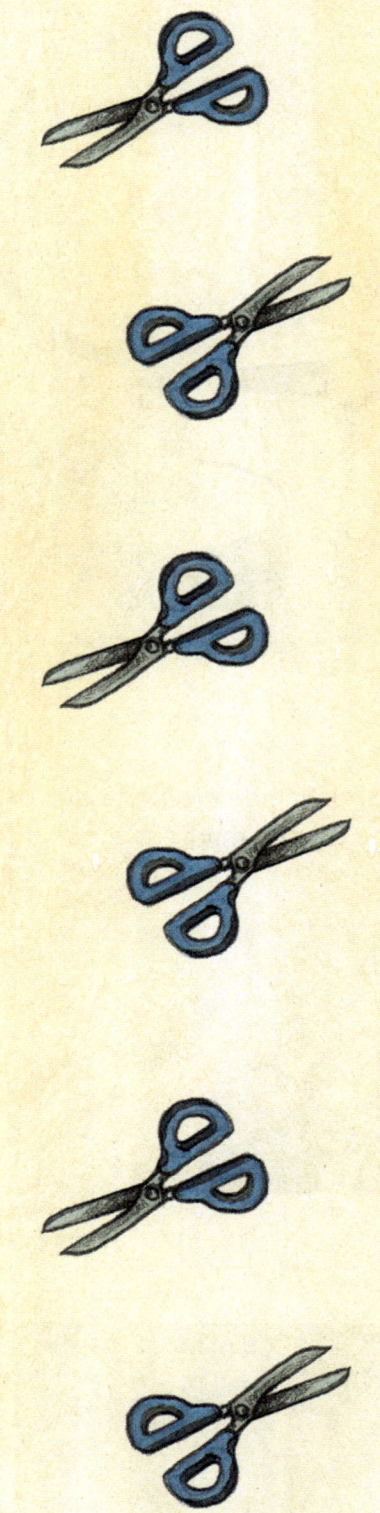

Inhalt

1	Entdeckungstour mit Musika und Musikus	
2	Auf hoher See	10–11
3	Auf einer Reise mit den Zugvögeln	12–13
4	Verhext von Baba Yaga	14–15
5	Steinzeitinstrumente	16–17
6	Unterwegs mit Bach	24–25
7	Beim Thomanerchor	24–25
8	Unterwegs zur Weihnachtszeit	26–27
9	Mit Musik durch den Tag	30–31
10	Punktgenau im Rhythmus Australiens	32–33
11	Papagenos Kostüm entsteht	34–37
12	Im Opernhaus	34–37
14	Musik im Mittelalter	40–41
15	Osterfeuergeister	42–43
16	Der goldene Musikus	46–47
17	Das Schlagzeug	46–47
18	Das Sinfonieorchesterspiel	48–49
20	Unsere Klassenhymne	52–53
21	So klingt der Sommer	62–63
22	Gut organisiert: Unser klingendes Abschlussfest	64–65
23	Im Komponistenmuseum	76–79
24	Musikalische Weltreise	18–19, 28–29, 32–33, 50–51, 56–57, 60–61
26	Instrumentendetektiv	
27	Teste dein Musikwissen	
28	Kreuz und quer durch die Musik	
29	Zum Ausschneiden	

Arbeitsheft

Mein neuer **Musikus 4**

Herausgegeben von   Sonja Hoffmann
Erarbeitet von   Anne Boss, Sonja Hoffmann und Anja-Maria Knoll
                     in Zusammenarbeit mit der Verlagsredaktion

Redaktion   Milena Schulze

Illustration   Naeko Ishida, Heidelberg
                     Gabriele Heinisch, Berlin (S. 12–13)
                     Bernd Kissel, Überherrn-Berus (S. 23)
                     Karl-Heinz Wieland, Berlin (Instrumente: S. 18–19, 26)

Gestaltung und
technische Umsetzung Saskia Klemm, Berlin

Umschlaggestaltung   Rosendahl Berlin
                     und Cornelsen Schulverlage Design

Bildquellen: S. 1: Alex Andrei/Shutterstock (Gitarrist); Polushkina Svetlana/Shutterstock (Schlagzeug). **S. 5:** Erich Lessing/akg-images (Flöte Steinzeit); Michael Praxmarer, Mühlengasse 7, 6170 Zirl, Österreich (Rasseln Steinzeit); Stefan Teuber, Stadtarchiv Northeim, Scharnhorstplatz 1, 37154 Northeim (Trommeln Steinzeit); Foto Lounge/Fotolia (Blockflöte); robcartorres/Fotolia (Maracas); jamiga • images/Fotolia (Snare Drum). **S. 6:** StingerMKO/Fotolia. **S. 8:** adempercem/Fotolia (Flagge Australien); somartin/Fotolia (Flagge Russland und Flagge USA); **S. 10:** lifeofriley/Fotolia. **S. 17/29:** Dimitrius/Fotolia. **S. 24/25:** malachy120/Fotolia. **S. 27:** Ramona Heim/Fotolia. **S. 29:** mauritius images/Alamy (Obertonsänger Gruppe Huun Huur Tu und Trommeln Ghana); Your_Photo_Today (Balalaika); Underwood & Underwood/Corbis (Dixieland Glenn Miller and Orchestra); imago/imago/blickwinkel (Aborigine); Sonja Hoffmann (Bolivien Morenada).

www.cornelsen.de

1. Auflage, 5. Druck 2025

© 2016 Cornelsen Schulverlage GmbH, Berlin
© 2020 Cornelsen Verlag GmbH, Mecklenburgische Str. 53, 14197 Berlin

Druck: Drukarnia Dimograf Sp. z o.o., Bielsko-Biala

ISBN 978-3-06-080470-2

PEFC-zertifiziert
Dieses Produkt
stammt aus
nachhaltig
bewirtschafteten
Wäldern und
kontrollierten Quellen
PEFC
PEFC/32-31-076   www.pefc.pl